Des Méthodes Modernes
d'Administration et d'Organisation
du Travail

CONFÉRENCE

FAITE AU CENTRE DE PERFECTIONNEMENT DE MEKNÈS

PAR

Le Lieutenant-Colonel BURSAUX

— NOVEMBRE 1918 —

TROUPES D'OCCUPATION
DU MAROC

ÉTAT-MAJOR DU GÉNÉRAL
COMMANDANT EN CHEF

Des Méthodes Modernes d'Administration et d'Organisation du Travail

CONFÉRENCE

FAITE AU CENTRE DE PERFECTIONNEMENT DE MEKNÈS

PAR

Le Lieutenant-Colonel BURSAUX

— NOVEMBRE 1918 —

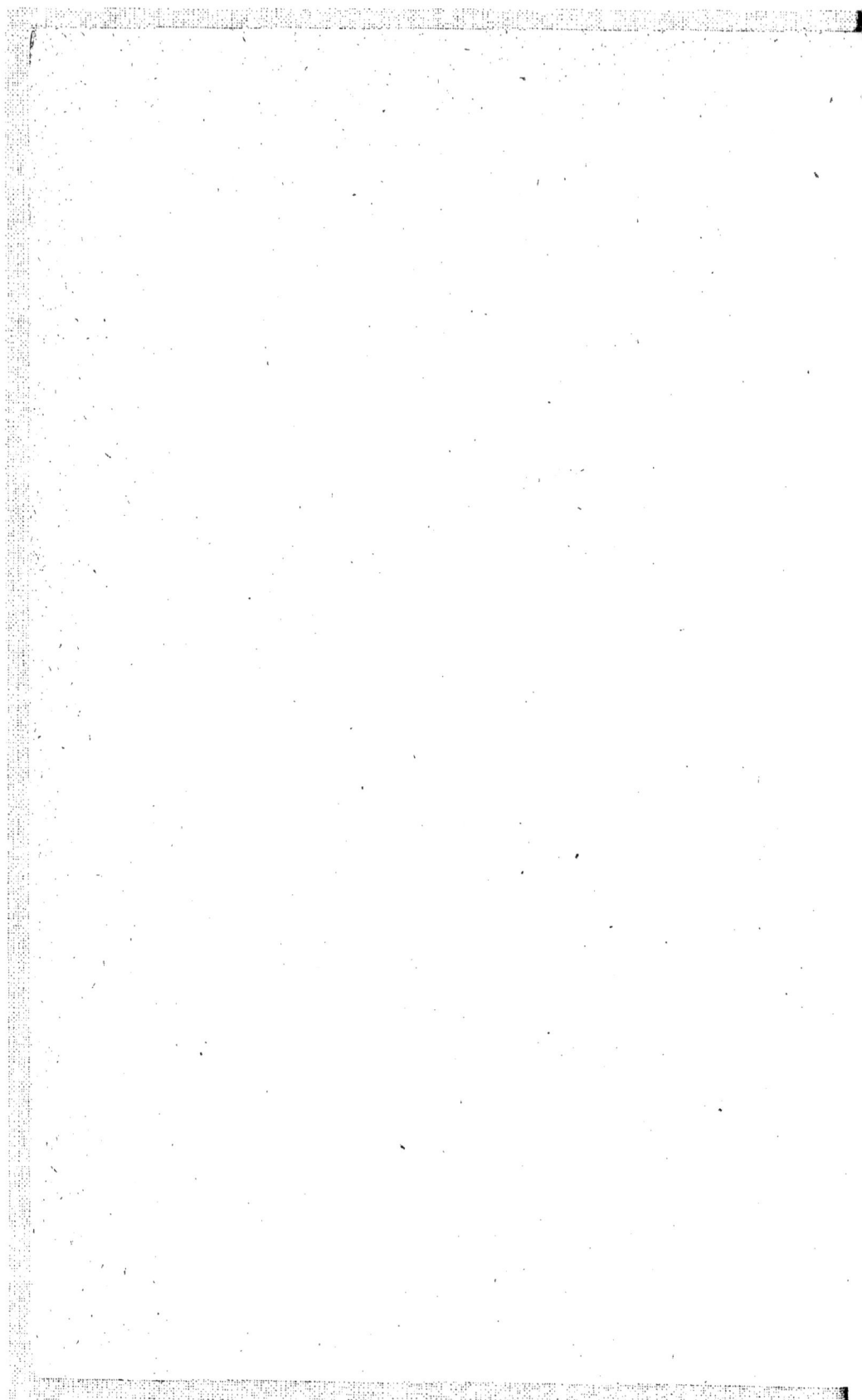

Des Méthodes Modernes
d'Administration et d'Organisation
du Travail

Je me félicite d'avoir l'occasion d'exposer et de répandre des idées qui ont pris naissance avant la guerre dans le monde industriel, ont joué pendant celle-ci un rôle considérable dans l'organisation de la victoire et resteront après la règle indispensable pour le relèvement de la puissance économique de la France.

Personne ne saurait mettre en doute que la guerre nous a surpris bien peu préparés, bien peu organisés. Par contre, nous a-t-on assez parlé de la fameuse organisation allemande. Nous la jugeons surtout par ses effets, par le prodigieux développement de la force militaire et industrielle qu'elle a favorisé. Nous sommes convaincus que ce résultat est dû surtout au mode d'administration de la société allemande, par contre, nous ne sommes pas moins convaincus que notre infériorité du début résultait uniquement de notre infériorité administrative.

C'est en prenant conscience de la valeur de la « Fonction administrative » dans le bon fonctionnement du corps social tout entier que nous avons pu créer l'organisation industrielle et militaire qui a permis à nos Chefs illustres de nous mener à la victoire dès que nos usines de guerre ont été à même de leur donner le matériel nécessaire.

Que de fois depuis quatre ans n'avez-vous pas entendu parler de la nécessité de tout industrialiser; n'a-t-on pas assez reproché à nos administrations, qu'elles soient civiles ou militaires, de ne pas employer les méthodes usitées dans l'industrie ; n'est-on pas allé jusqu'à mettre à la tête d'importants services administratifs publics des hommes pris parmi nos meilleurs industriels ? N'entendez-vous pas tous les jours demander avec insistance, qu'à l'exemple des Américains, on introduise chez nous de nouvelles méthodes de travail ?

Ces mots : industrialiser, travailler à l'américaine ne sont-ils pas l'expression du besoin latent d'un peuple qui sent que pour tenir sa place dans le monde, il lui faut changer quelque chose dans sa façon de comprendre le travail ?

Ne croyez pas ce besoin né d'hier. Déjà, avant la guerre, nos industries savaient que pour lutter avec les formidables concurrences qui se dressaient devant elles, il leur était nécessaire de modifier leur manière de faire. Les circonstances que nous traversons ne font que rendre évidentes pour tous des nécessités qu'une minorité commençait à sentir.

La France se trouve en présence de formidables dettes extérieures, il faudra pour les payer qu'elle exporte des marchandises. Elle sera comme auparavant obligée d'acheter à l'extérieur ce qu'elle ne peut pas produire. Pour payer ces marchandises la France devra exporter. Pour exporter, il faudra qu'elle exploite son sol et son industrie, subvienne à sa consommation et crée des excédents.

Pour surproduire avec une main-d'œuvre diminuée, il faut que la France organise une production intensive. Cela ne se fera que si elle applique les règles que lui indiquera une étude scientifique approfondie de la question. Ce serait faire injure à la nation française que de croire qu'elle est incapable d'un effort de ce genre. Il lui suffira de reprendre les idées que son génie a lancées et dont les autres ont seuls jusqu'à ce jour, fait leur profit, souvent à ses dépens.

.˙.

Bien des industriels se sont demandé comment il serait possible de remettre les choses d'aplomb et de s'attaquer aux vieilles méthodes qui nous ont conduit à de si mauvais résultats. Quelques-uns ont dénoncé les errements auxquels est dû notre état d'infériorité et indiqué des remèdes. Aucun n'avait cherché à établir un corps de doctrine susceptible de servir de guide au redressement de notre système, de nos modes d'administration.

Ce travail a été fait par un homme d'une maîtrise incontestée, acquise par une longue pratique de l'industrie. M. H. Fayol, dans un important ouvrage qui a pour titre : *Administration industrielle et générale*, a posé les bases d'une doctrine dont l'enseignement est devenu possible.

Ce sont ces idées, actuellement approuvées par tous les corps d'ingénieurs français, répandues par la grande presse et enseignées à Paris, que je me suis proposé de vous présenter en vous les résumant de mon mieux.

En la matière, ce ne sont pas les principes qui manquent, il n'est pas question d'en inventer de nouveaux et, s'il suffisait pour les faire appliquer de les énumérer, la France jouirait de la meilleure administration possible. Qui de vous n'a entendu cent fois proclamer la nécessité des grands principes d'autorité, de discipline, de subordination, etc...; il faut croire que la proclamation ne suffit pas. Les principes sans le moyen de les réaliser sont sans efficacité.

.•.

Conduire une entreprise vers son but en cherchant à tirer le meilleur parti possible de toutes les ressources dont elle dispose, c'est ce que l'on appelle gouverner. Le gouvernement met en jeu six fonctions essentielles qui sont : la fonction administrative, la fonction technique, la fonction commerciale, la fonction financière, la fonction de sécurité et la fonction de comptabilité.

Etroitement associées dans l'œuvre gouvernementale, ces six fonctions sont cependant distinctes les unes des autres, chacune d'elles a sa mission. Celle de la fonction administrative est de prévoir, organiser, commander, coordonner et contrôler.

Si l'on affecte un coefficient d'importance relative à chacune des capacités nécessaires aux différentes catégories d'agents d'une même entreprise industrielle et si l'on répète la même opération pour une entreprise quelconque, on s'aperçoit, que la capacité principale des agents inférieurs est la capacité technique, qu'à mesure que l'on s'élève dans la hiérarchie, l'importance relative de la capacité administrative augmente tandis que celle de la capacité technique diminue, que la capacité principale du Chef est la capacité administrative.

Le meilleur capitaine d'artillerie n'est pas nécessairement celui qui sait le mieux régler le tir de sa batterie, ses lieutenants peuvent le faire pratiquement au même titre que lui; mais il y a un art de savoir tirer parti des compétences de chacun, de prévoir une installation, de veiller au bon moral de tous, etc., qui est plus nécessaire. Le Chef d'escadron est mauvais qui veut remplir le rôle de sous-lieutenant.

On peut dire, d'une façon générale, que la capacité principale des agents inférieurs est la capacité professionnelle caractéristique de l'entreprise et que la capacité principale du Chef est la capacité administrative.

Ainsi comprise, l'administration n'est ni un privilège, ni une charge personnelle du chef; c'est une fonction qui se répartit comme les autres entre la tête et les membres du corps social. Le gouvernement a la charge de toute l'entreprise, il doit assurer la marche des six fonctions essentielles. L'administration n'est que l'une de ces fonctions : mais comme il faut partout de la prévoyance, de l'organisation, de la coordination et du contrôle, son action s'exerce sur toutes les parties et sur toutes les opérations de l'entreprise.

Comme toute doctrine, celle dont nous avons à nous occuper comprend un ensemble de principes généraux, de règles fondamentales et de procédés basés sur l'expérience.

Les principes généraux sont : la division du travail; l'autorité; la discipline; l'unité de commandement; l'unité de direction; la subordination des intérêts particuliers à l'intérêt général; la rémunération; la hiérarchie; l'ordre; l'équité; la stabilité du personnel; l'initiative; l'union du personnel.

Les règles fondamentales sont : la prévoyance, le commandement, la coordination, le contrôle.

Les procédés sont innombrables, je ne vous en citerai que quelques-uns.

Le nombre des principes administratifs n'est pas limité, toute règle, tout moyen administratif qui facilite le fonctionnement du corps social peut prendre place parmi les principes. Un changement dans l'état de choses peut amener celui des règles. La fonction administrative agit sur le personnel, elle doit donc tenir compte des hommes divers et changeants. Aussi les principes doivent-ils être souples et s'adapter à tous les besoins. S'en servir est un art difficile qui exige de l'intelligence, de l'expérience, de la décision et de la mesure.

Je me bornerai à vous dire quelques mots de ceux de ces principes que vous aurez le plus souvent l'occasion de mettre en pratique.

L'*autorité*, c'est le droit de commander et le pouvoir de se faire obéir. On distingue chez un chef l'autorité statutaire qui tient à la fonction et l'autorité personnelle faite d'intelligence, de savoir, d'expérience, de valeur morale, de don de commandement, de services rendus, etc... L'autorité personnelle est le complément indispensable de l'autorité statutaire. Ce ne sont pas les galons qui font d'un Chef un conducteur d'hommes; mais bien l'ascendant qu'il sait prendre sur eux. Sans avoir des cheveux blancs, sans être très galonné vous pourrez, en acquérant l'autorité personnelle, être des entraîneurs d'hommes.

Partout où une autorité s'exerce, une responsabilité prend naissance. Dans les circonstances graves l'autorité d'un officier sur ses subordonnés est absolue, mais sa responsabilité est considérable.

Ces responsabilités sont souvent prises à la légère, combien de fonctionnaires, de chefs mettent en pratique la maxime bien connue : « S'en fout' et rendre compte ». Il ne suffit pas de rendre compte et il est criminel de s'en fout'. L'horreur des responsabilités est un mal dont meurt notre société, elle paralyse *l'initiative*.

Concevoir un plan et en assurer la réussite, est une des plus vives satisfactions que puisse éprouver l'homme intelligent, c'est aussi l'un des plus puissants stimulants de l'activité humaine. Cette possibilité de concevoir et d'exécuter jointe à la liberté de proposer est ce que l'on appelle l'initiative. Il faut beaucoup de tact et une certaine vertu pour soutenir à tous les niveaux de l'échelle sociale l'initiative de tous, dans les limites imposées par le respect de

l'autorité et de la discipline. Toutes choses égales d'autre part, un chef qui sait donner de l'initiative à ses subordonnés est infiniment supérieur à un autre qui ne le sait pas.

Prendre de l'initiative, c'est lorsqu'il le faut, avoir l'énergie d'agir spontanément, sans ordre, de faire ce qui n'est pas prévu. C'est quelquefois, dans les cas de force majeure, avoir le courage de désobéir et d'endosser la responsabilité de ses actes. En toutes circonstances, le règlement est un guide dont on ne peut pas s'écarter sans commettre des fautes graves de technique; mais le fait de l'avoir appliqué aveuglément ne saurait en aucun cas être une excuse à une erreur grave, ni diminuer la responsabilité de son auteur. D'ailleurs si vous transgressez ce code, et si vous réussissez, on vous louera; on ne vous blâmera que si vous échouez. Ouvrez le livre d'or des citations, la majeure partie d'entre elles sont le témoignage d'heureuses initiatives.

En aucun cas pourtant l'esprit d'initiative ne doit dégénérer en esprit d'indiscipline ou de critique injuste. Il faut toujours une sanction à la responsabilité.

Je ne vous dirai qu'un mot de la *discipline* à laquelle vous avez été particulièrement habitués. L'esprit public est profondément convaincu qu'elle est indispensable à la bonne marche des affaires et qu'aucune entreprise ne saurait prospérer sans elle. N'oubliez pas qu'elle est ce que la font les Chefs. Cherchez à obtenir l'obéissance par le respect de l'idée de devoir et non par la crainte.

Le principe de l'*unité de direction* a pour expression: « Un seul chef et un seul programme pour un ensemble d'opérations visant le même but ». Si ces deux conditions ne sont pas remplies, il ne peut y avoir ni unité d'action, ni coordination des forces, ni convergence des efforts. Je ne saurais mieux faire que de vous répéter à ce sujet les termes si clairs d'un discours de Lloyd Georges :

« Si les alliés n'ont pas encore obtenu la victoire, c'est uniquement parce qu'il n'y a jamais eu une autorité centrale chargée de préparer le programme d'action, pour le théâtre de la guerre tout entier et de régler la conduite des armées sur tous les fronts... »

La réalisation de ce principe n'a-t-elle pas été celle de la victoire ?

L'*unité de commandement* n'est pas moins importante que celle de direction « pour une action quelconque, un agent ne doit recevoir d'ordre que d'un seul chef ». Dès qu'ils sont deux, un malaise se ressent. La dualité de commandement est extrêmement fréquente, les hommes ne la supportent pas. Elle est une source perpétuelle de conflits graves qui doivent retenir l'attention des chefs à tous les degrés de la hiérarchie.

Je m'arrêterai ici dans l'examen des principes dont je vous ai fait tout à l'heure l'énumération, tout en regrettant que le temps me manque de vous les exposer tous, et j'en arrive à celui des règles fondamentales de l'Administration.

La première qualité d'une bonne administration, c'est la *prévoyance*, sans elle, il n'y a ni organisation sérieuse, ni possibilité de coordonner ou de contrôler, ni surtout de commander. Il y a à ce propos un mot de Napoléon souvent et justement rappelé : « Celui qui donne un ordre sans en avoir mesuré les conséquences, n'est pas digne de commander ».

La prévoyance est la qualité maîtresse de tout chef véritable, car celui-là seul pourra et saura prévoir qui possède la compétence et a conscience de sa responsabilité. Comment arriverait-on à organiser sans avoir prévu tous les détails, comment pourrait-on coordonner, c'est-à-dire relier entre eux et harmoniser tous les efforts si les actes devaient s'accomplir au hasard, et de quelle manière pourrait-on contrôler la soumission aux règles établies et l'exécution des ordres donnés s'ils ne résultaient pas de prévisions raisonnées et indiscutables ?

Prévoir, ici, signifie à la fois supputer l'avenir et le préparer, c'est déjà agir.

La prévoyance a une infinité d'occasions et de manières de se manifester, son signe sensible, son instrument le plus efficace, *c'est le programme d'action*. Le programme d'action, c'est à la fois le résultat visé, la ligne de conduite à suivre, les étapes à franchir, les moyens à employer; c'est une sorte de tableau d'avenir, c'est la marche de l'entreprise prévue et préparée pour un certain temps. Sa confection est une des opérations les plus importantes et les plus difficiles de toute entreprise. Elle met en jeu tous les services et toutes les fonctions, en particulier la fonction administrative.

C'est en effet pour remplir sa fonction d'administrateur que le chef prend l'initiative des directives, qu'il en précise le but, qu'il fixe la part de chaque service dans l'œuvre commune et qu'il trace enfin la ligne de conduite à suivre. Aux diverses capacités d'ordre technique ou autres, nécessaires au chef et à ses collaborateurs, doit s'ajouter une très sérieuse capacité administrative. Au programme d'ensemble viennent s'ajouter les programmes de chaque service ; ils sont tous soudés, reliés, de façon à n'en faire qu'un. Le tout doit avoir de l'unité, de la continuité, de la souplesse et de la précision.

L'avantage incomparable de telles directives est de faciliter l'utilisation de toutes les ressources de l'entreprise et le choix des meilleurs moyens pour arriver au but fixé. Elles suppriment ou réduisent les hésitations, les fausses manœuvres et les changements d'orientation.

L'absence de programme ou un mauvais programme sont des signes de l'incapacité du personnel dirigeant, de son instabilité ou de son irresponsabilité. Il faut rendre obligatoire l'usage du programme d'action ou des directives dans toute entreprise.

Si la première et la principale pensée du Chef doit être de prévoir, la seconde sera d'*organiser*, c'est-à-dire de munir l'entreprise de tout ce qui est utile à son fonctionnement, matières, outillage, personnel, etc... et par conséquent de constituer l'organisme matériel et personnel.

Pourvu des ressources matérielles nécessaires, le corps du personnel de l'entreprise doit être capable de remplir les six fonctions essentielles, c'est-à-dire d'exécuter toutes les opérations qu'elle comporte. Entre l'entreprise rudimentaire où un seul homme remplit toutes les fonctions et la grande entreprise qui emploie des milliers d'ouvriers, se trouvent tous les intermédiaires possibles. La mission du coprs du personnel est, comme sa hiérarchie, la même quelle que soit son importance, elle est simple dans l'entreprise rudimentaire elle se complique de plus en plus en même temps que l'entreprise devient plus importante et le personnel plus nombreux. Elle a pour but de veiller à ce que le programme d'action soit mûrement préparé et fermement exécuté en assurant le recrutement, la rémunération des agents et le maintien de la discipline ; en veillant à la permanence, à tous les échelons, de l'unité de direction et de commandement ainsi qu'à la subordination absolue de l'intérêt particulier à l'intérêt général ; en faisant tout contrôler et en combattant les abus de réglementation, de formalisme bureaucratique et de paperasserie, etc...

Il est remarquable que, quelle que soit la nature de l'entreprise, qu'elle soit industrielle, commerciale, militaire, etc., les chefs de même niveau hiérarchique se ressemblent par un groupe de qualités indispensables : santé et vigueur physique, intelligence et valeur morale, culture générale, capacité administrative ; ils ne diffèrent que par la qualité professionnelle spéciale à l'entreprise. C'est le plus souvent par cette dernière que les hommes devenus grands chefs ont commencé à attirer l'attention, puis leurs qualités générales les ont portés au premier rang. Il arrive fréquemment que le succès professionnel voile les qualités générales et qu'on persiste à tort à ne voir dans un grand industriel qu'un éminent technicien.

Le corps social une fois constitué, il s'agit de le faire fonctionner. C'est la mission du *commandement*. Elle se répartit entre les divers chefs hiérarchiques de l'entreprise. Pour chacun le but est de tirer le meilleur parti des hommes qui composent son unité.

Celui qui commande doit avoir une connaissance approfondie de son personnel, donner le bon exemple, faire des inspections périodiques, réunir ses principaux collaborateurs en des conférences où se préparent l'unité de direction et la convergence des efforts et où se font les comptes-rendus, ne pas se laisser absorber par les détails, viser à faire régner dans son unité l'initiative et le dévouement.

Mais il ne suffit pas de commander, il est indispensable encore de coordonner et de contrôler.

La *coordination* consiste à mettre de l'harmonie entre tous les actes de l'entreprise de manière à en faciliter le fonctionnement et le succès. Dans une entreprise bien coordonnée, on constate que chaque service marche d'accord avec les autres, que, dans chacun d'eux, les différents échelons sont exactement renseignés sur leur travail et sur l'aide mutuelle qu'ils doivent se prêter et qu'enfin le programme de marche est constamment tenu en harmonie avec le développement des circonstances.

Que penser d'une entreprise où l'on peut constater les signes suivants de manque de coordination ?

Chaque service ignore et veut ignorer les autres ; il marche comme s'il était à lui-même son but et sa raison d'être ; la cloison étanche sépare les services et même souvent les bureaux d'un même service. La grande préoccupation de chacun est de mettre sa responsabilité personnelle à l'abri derrière un papier, ordre ou circulaire, personne ne pense à l'intérêt général, l'initiative et le dévouement sont absents.

Le remède à ce déplorable état de choses, c'est la réunion fréquente de la *conférence des Chefs de Services*. Elle est pour la *Coordination* ce que le programme d'action est pour la *Prévoyance*, c'est-à-dire un instrument essentiel et indispensable.

Il me reste à dire un mot du *contrôle*. Il consiste à vérifier si tout se passe conformément au programme adopté et aux ordres donnés. Il a pour but de signaler les fautes et les erreurs afin qu'on puisse les réparer et en éviter le retour. Il faut pour qu'il soit efficace qu'il soit fait en temps utile et suivi de sanctions. Le contrôle ne doit jamais s'immiscer dans la direction ou l'exécution du service, ce serait créer la dualité de direction la plus dangereuse. Il dépend de la direction que le contrôle soit bien fait et utile. Comme les autres éléments d'administration sa conduite exige une attention soutenue et toujours beaucoup de tact.

Un voyageur croyait franchir un défilé en montagne ; mais il trouva le passage obstrué ; un bloc détaché par l'avalanche est tombé au fond de la gorge et les parois à pic de celle-ci ne permettent pas de tourner l'obstacle.

Le voyageur essaye ses forces contre la pierre, mais en vain. Il doit abandonner tout espoir de la déplacer et de passer. Il s'assied en proie au découragement. Un second voyageur se présente et s'épuise à son tour en efforts inutiles, un troisième survient, puis un autre, puis d'autres encore qui s'essayent à leur tour; le bloc n'a pas remué et les hommes lassés voient, non sans crainte, arriver la nuit.

Mais soudain, dit le Fabuliste, la pensée leur vient d'associer leurs efforts contre la commune cause de leurs déboires ils poussent tous ensemble, la pierre s'ébranle, elle roule et le col est dégagé.

Moralité : L'Union fait la Force. Et pourtant, à la réflexion, l'opération n'a certes pas réussi d'elle-même et un observateur plus minutieux que le Fabuliste, aurait noté en cette occasion le développement complet d'une action administrative. Il aurait vraisemblablement vu se révéler un Chef parmi ces voyageurs. Après avoir, par un discours approprié, obtenu le consentement général à l'idée d'un effort collectif, après avoir fait reconnaître le terrain par le plus expert pour décider de la meilleure manière d'opérer, l'homme qui s'est révélé Chef fixe le programme d'action ; puis il organise son groupe en mettant à chaque place celui de ses compagnons dont la taille et les muscles sont le mieux en rapport avec l'effort local à réaliser.

Viennent ensuite les ordres donnés et reçus, représentant le commandement sous son double aspect ; les efforts sont scandés par le Chef qui ne perd pas de vue ses hommes et veille à la convergence et à la coordination des efforts ; un contrôle sévère enfin ne cesse de s'exercer depuis le début jusqu'à la minute ultime de la réussite.

Partout où l'homme agit en corps, du groupe le plus restreint jusqu'aux sociétés les plus complexes; l'observation des règles administratives est indispensable pour assurer le rendement maximum et réduire au minimum les pertes d'énergie. Cette vérité importante de tout temps, dont la plupart des industriels ont eu l'intuition sous l'aiguillon de la concurrence, doit à l'avenir être systématisée. A tous les échelons de la hiérarchie, la notion de la fonction administrative raisonnée doit être introduite et strictement appliquée.

Combien d'hommes voyons-nous vivre autour de nous sans aucun souci de l'ordre; combien peu mettent leur conduite en accord avec cette nécessité de l'harmonie sociale ?

Et combien encore semblent croire que l'ordre et l'harmonie sont des productions spontanées de la vie collective dont chacun en son particulier peut se désintéresser ?

Autant d'erreurs à détruire, autant de raisons pour réagir contre la routine et la paresse. Aucun moyen pour y arriver ne doit être omis. M'étendre sur les nombreux procédés préconisés dans ce but serait dépasser le cadre de cette conférence, et je me contenterai de vous entretenir de l'un d'entre eux dont on parle beaucoup depuis quelque temps en France, le *taylorisme*.

Le *taylorisme* est une application particulière au travail des principes et des règles d'administration. Il comporte un programme d'action méthodiquement dressé qui embrasse tous les services et qui vise à ne rien omettre de tout ce qui peut être prévu. C'est en un mot le contraire du système bien connu en France sous le nom de « système D » ne rien préparer d'avance et se débrouiller au dernier moment. Il comporte en outre une organisation matérielle et sociale soignée, un personnel attentivement recruté et formé, un commandement pourvu d'un état-major compétent et actif, une coordination étroite de toutes les opérations, un contrôle rigoureux. Il faut y ajouter enfin quelques procédés spéciaux découverts ou perfectionnés par Taylor dont quelques-uns sont susceptibles de nombreuses applications, même en dehors des usines spéciales de construction mécanique.

Le nom du système est bien connu, mais sa nature exacte est généralement moins bien comprise. L'attention du Public s'est fixée sur certains détails plus facilement accessibles, comme le mode de paiement des salaires au tarif différentiel ou encore le chronométrage. Mais ce sont là seulement les petits côtés d'une méthode de travail bien plus générale.

Le principe essentiel de l'organisation scientifique du Travail est l'application systématique de la méthode scientifique, par opposition à la méthode empirique, à l'étude des phénomènes industriels en partant de l'idée qu'il existe des relations nécessaires entre tous les faits d'ordre matériel, intellectuel et moral en jeu dans l'industrie.

Partant de là, Taylor examine et énumère très complètement tous les facteurs dont dépend chaque phénomène, chaque opération étudiée ; puis après les avoir reconnues, il détermine par des expériences et des observations aussi précises que possible les relations numériques qui existent entre les faits en présence. Les phénomènes n'étant pas, dans la pratique, indéfiniment variés, il lui est possible de tirer de ces observations des règles d'une portée plus ou moins générale.

Prenons, par exemple, un des facteurs d'une fabrication quelconque, *la production journalière de l'ouvrier*. Elle dépend, entre autres, de deux facteurs très importants, la *volonté* de l'ouvrier de produire tout ce qu'il peut et sa *capacité* de production.

La volonté. — L'ouvrier limite souvent sa production pour deux motifs. Il craint en l'augmentant de voir son salaire réduit par son patron désireux d'en maintenir la valeur journalière constante. Il se rend compte, d'autre part, que le patron ignore le plus souvent la quantité de travail réel qu'il peut faire journellement.

On supprime ces deux motifs de flânerie et de perte de temps en déterminant par des mesures très précises la production normale de l'ouvrier en lui imposant une tâche fixe de façon qu'il se rende bien compte que sa puissance normale de travail est bien connue du patron.

Cela exige la création d'un service spécial chargé de l'établissement de la tâche normale, c'est un des points essentiels du système. De plus un avantage sérieux doit être donné à l'ouvrier qui fournira le travail demandé. L'attribution de cette prime pour l'accomplissement du travail normal est encore une des règles essentielles du système.

La capacité de production de l'ouvrier, elle, dépend de circonstances multiples et en particulier des machines et des outils mis à sa disposition. Mais on peut se servir plus ou moins habilement de ces machines, le plus souvent, on s'en rapporte pour cela à l'ouvrier. Si l'on prend la peine d'étudier les facteurs multiples de la bonne utilisation des machines on s'aperçoit vite que la détermination des conditions optima est très difficile et dépasse, même dans des cas très simples, les moyens de l'ouvrier. D'où nécessité d'avoir un personnel spécialement chargé de rechercher les meilleures méthodes de travail et de les faire connaître à ceux qui les emploient. *Le bureau de préparation* du tra-vail et *l'organisation des contremaîtres* répondent à cette double nécessité ; ce sont là encore deux organes essentiels du système Taylor.

Appliquons les mêmes principes d'analyse à un travail d'une espèce déterminée, le « Travail à la Pelle » par exemple. Il semble à première vue qu'il suffise de quelques heures de réflexion pour découvrir les principes de cette science, si élémentaire, qu'elle cesse d'être évidente.

Il existe pour un pelleteur une charge par pelletée cor-respondant à son rendement maximum. Pour la déterminer, des expérimentateurs exercés ont observé pendant plusieurs semaines toutes les conditions accessoires du travail. A cette première condition, répond le choix d'un modèle de pelle approprié chacun à une matière de densité particulière. Pour fixer quelques-uns des autres éléments qui constituent la science du travail à la pelle, on a fait des milliers d'expériences et d'observations au compteur à secondes des-tinées à étudier avec quelle vitesse l'ouvrier muni du type de pelle choisi peut enfoncer son outil dans le tas et le retirer convenablement chargé. Les observations furent faites en poussant la pelle dans la matière sur un sol irrégu-lier, puis sur un sol en planches, puis sur un sol en tôle. On fit de même une étude précise pour déterminer le temps nécessaire pour renverser la pelle, pour lancer la charge à une distance horizontale donnée, à une hauteur donnée, en combinant diversement hauteur et distance. Avec ces résultats et ceux qui résultent des lois d'endurance physique des ouvriers (fatigue et besoin de repos), il est évident que l'homme qui dirige les pelleteurs est en mesure de leur indi-quer les méthodes exactes à employer pour utiliser leurs forces le mieux possible et de leur fixer la tâche normale journalière.

Tous les actes humains sont susceptibles d'une analyse du même genre, la recherche qualitative des facteurs qu'ils mettent en jeu est relativement simple, elle exige de l'esprit d'observation et du jugement. Des procédés, comme le chro-nométrage et le cinématographe, la facilitent beaucoup. La détermination des formes des fonctions qui lient tous les facteurs est plus difficile, il faut généralement des études longues et la plupart du temps coûteuses.

Taylor et ses disciples ont ainsi étudié la plupart des problèmes qui se rencontrent non seulement dans la vie courante des ateliers, mais aussi dans la vie quotidienne ordinaire et jusque dans la tenue scientifique de la maison. Mais il en reste des milliers auxquels les mêmes recherches peuvent s'appliquer et c'est à chacun de nous qu'il appartient de le faire dans sa sphère d'activité.

Nous ne devons pas oublier comme Taylor le dit lui-même d'ailleurs, que ce ne sont là que des détails du mécanisme de l'organisation du travail, ils ne doivent en aucun cas, faire oublier les règles générales qui la régissent et qui sont toujours les mêmes :

1° Développer pour chaque élément du travail de l'ouvrier une science remplaçant les anciennes méthodes empiriques ;

2° Spécialiser, former, et entraîner l'ouvrier au lieu de le laisser choisir son métier comme autrefois et l'apprendre comme il le pourrait ;

3° Suivre de près chaque homme pour s'assurer que le travail est bien fait suivant les principes fixés ;

4° Partager également la responsabilité et la tâche entre la Direction et les ouvriers, la Direction se chargeant de tout ce qui dépasse la compétence de ces derniers.

L'expérience montre que les résultats à attendre de l'emploi de tels procédés sont des plus importants, accroissement de la production, diminution du prix de revient, nécessité d'un moins grand nombre d'ouvriers avec des salaires accrus et des fatigues diminuées.

Beaucoup d'entre vous n'auront pas manqué au cours de cette conférence de se dire : « mais dans tout cela il n'y a rien de nouveau, toutes les idées émises sont naturelles à tout le monde ».

Je leur demanderai, maintenant que leur attention est attirée sur ces questions, de regarder autour d'eux avec soin. Ils auront vite fait de se rendre compte que ce que j'appellerai « les maladies administratives » sont là pour montrer à quel point toutes les bonnes volontés si honorables soient-elles sont inopérantes. Le jeu incorrect de la fonction administrative est autrement fréquent que l'incapacité technique.

Il leur suffira de passer quelques instants dans un chantier quelconque, le chronomètre à la main, pour mesurer et totaliser les temps perdus par un ouvrier, soit-il peintre ou rouleur de brouette, parce que son travail n'a pas été préparé, parce que personne ne s'est préoccupé d'organiser son chantier, de choisir ou d'entretenir son outillage, de lui éviter des fatigues et des dérangements inutiles, peut-être même de le choisir pour le travail qui lui est confié et de lui apprendre au moins les éléments de son métier, je ne parle pas de le contrôler.

Regardez un ouvrier maçon se baisser sur son échafaudage pour prendre chaque brique qu'il emploie, chaque truelle de mortier qui lui est nécessaire et donnez-vous la peine de calculer l'économie de temps et d'efforts qu'il serait facile de lui faire faire, l'accroissement de rendement qu'il acquerrait si l'on avait soin d'organiser son échafaudage et de faire placer à la portée de sa main les matériaux qu'il emploie.

Dans une grande usine de guerre, où, pour la nourriture du personnel, il fallait faire éplucher journellement 330 kilos de pommes de terre pour un seul repas, une organisation méthodique basée sur le système Taylor a amené une amélioration considérable du rendement se traduisant par une diminution de main-d'œuvre de 50 %, une augmentation de salaire individuel de 25 % et une économie sur le prix de revient de 35 %.

Sans aller jusqu'à la perfection et, peut être à la complication, des méthodes américaines, il vous sera facile avec de l'observation et de l'organisation d'utiliser dans des conditions bien meilleures que celles dont nous avons l'habitude de nous contenter, le personnel et le matériel qui vous sont confiés. Par des exemples simples, il vous sera aisé de persuader ceux qui sont sous vos ordres des bienfaits multiples d'un travail bien ordonné.

Pourquoi obtient-on généralement un meilleur rendement des hommes dans une section de mitrailleuses, par exemple, que dans une section d'infanterie ? C'est parce que chaque mitrailleur a son rôle bien défini, bien déterminé, que ce soit pendant la manœuvre ou pendant les séances de nettoyage de la pièce. Le fantassin, au contraire, est, si on n'y prend pas garde « l'homme à tout faire ». Tantôt il tirera des coups de fusil, tantôt il lancera des grenades, tantôt il balaiera, tantôt il ne fera rien.

Spécialisez les hommes, donnez-leur des attributions définies, fixez-leur une tâche, établissez-leur surtout un tableau de travail étudié avec soin ; vous les verrez exécuter leurs travaux avec promptitude, avec correction et avec intérêt.

Les idées et les méthodes auxquelles j'ai essayé de vous initier ont rendu d'immenses services pendant la guerre, sous l'impulsion d'une Commission Spéciale d'industrialisation fonctionnant au Sous-Secrétariat de l'Administration. De nombreuses circulaires ont attiré l'attention des chefs d'établissements sur la nécessité d'intensifier le rendement du travail et de perfectionner progressivement les méthodes pour répondre aux exigences du moment. Elles recommandent toutes l'emploi pour chaque genre de travail du minimum de main d'œuvre, par la recherche scientifique des procédés les plus avantageux dans chaque cas particulier.

Je n'insisterai pas davantage sur les bienfaits qu'il faut attendre de ces méthodes ni sur la nécessité qu'il y a de les répandre. Il n'est pas douteux que ce n'est pas sans certaines difficultés, ni en un jour, qu'elles pénétreront dans les masses et auront raison des routines invétérées ; mais si vous êtes convaincus que seules elles peuvent apporter la solution des graves problèmes de production intensive posés pour la France par les événements, j'aurai atteint le but que je me suis proposé en prenant la parole devant vous.

IMP. RAPIDE, G. MERCIÉ & Cie
===== CASABLANCA =====

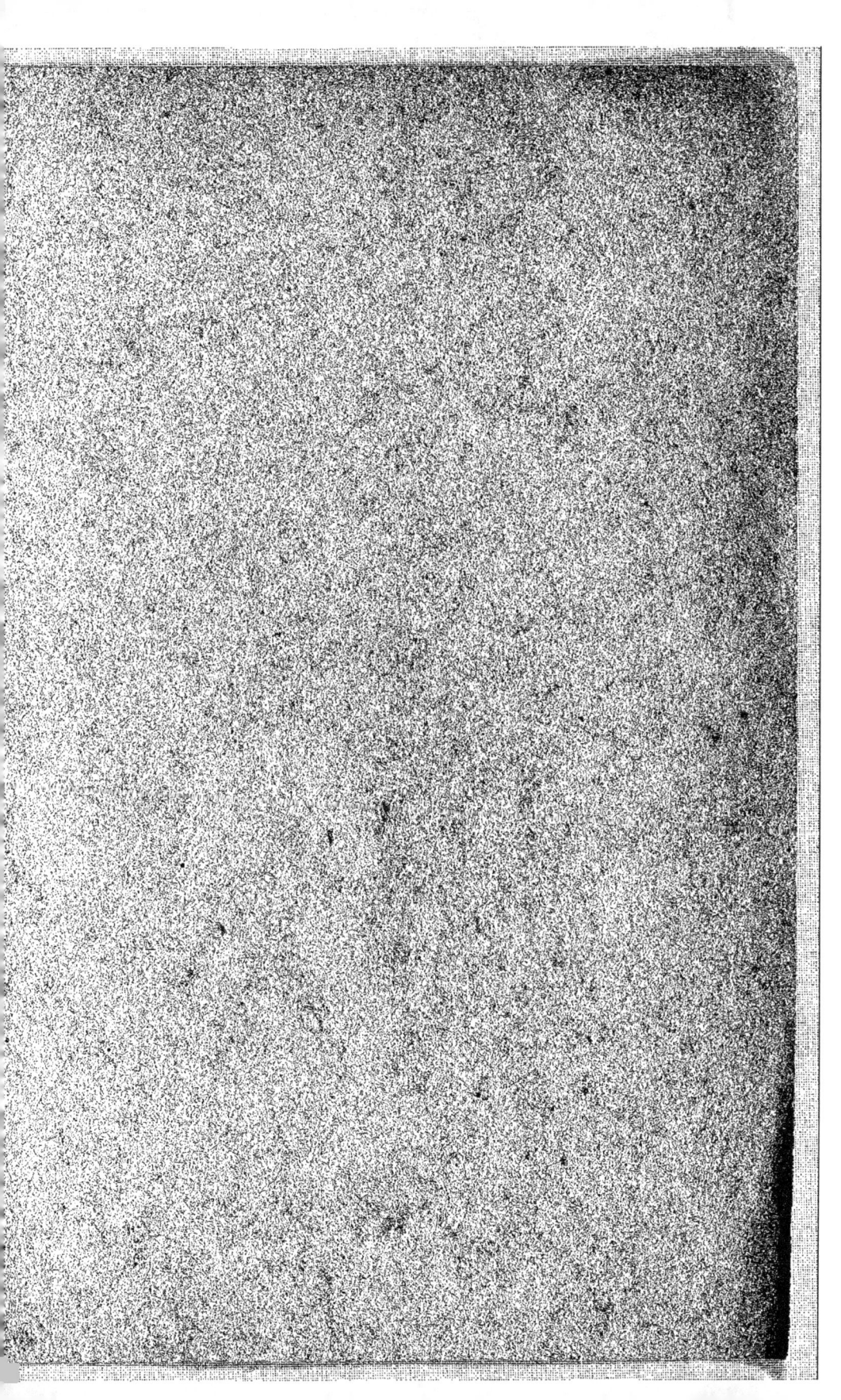

IMP. RAPIDE, G. MERCIÉ & Cie
CASABLANCA